GLÜCK IST,

eine Freundin
WIE DICH
ZU HABEN

GUT, BESSER, AM BESTEN,

DU!

DEINE FREUNDSCHAFT, DEINE PERSÖNLICHKEIT, DEINE SICHT AUF DIE WELT...ALLES AN DIR IST ABSOLUT UNVERGLEICHLICH, UND ICH HABE VERDAMMT GLÜCK, EINE FREUNDIN WIE DICH ZU HABEN. DESHALB HABE ICH IN DIESEM KLEINEN BUCH ALL DIE DINGE ZUSAMMENGETRAGEN, DIE ICH SO AN DIR BEWUNDERE.

ICH FINDE ES großartig, DASS WIR IMMER FÜREINANDER DA SIND!

WENN WIR BEI EINEM SPORTEVENT ANTRETEN WÜRDEN, WÄRE UNSER TEAMNAME...

hier
Teamnamen
eintragen

MIT dir ZEIT ZU VERBRINGEN,
IST immer EINE GUTE IDEE.

SO FÜHLT SICH

DIE ZEIT MIT DIR

ZUSAMMEN AN...

zeichne den Stunden-
und Minutenzeiger ein

MAN MERKT SOFORT, DASS DU
ZU GLEICHEN TEILEN AUS...

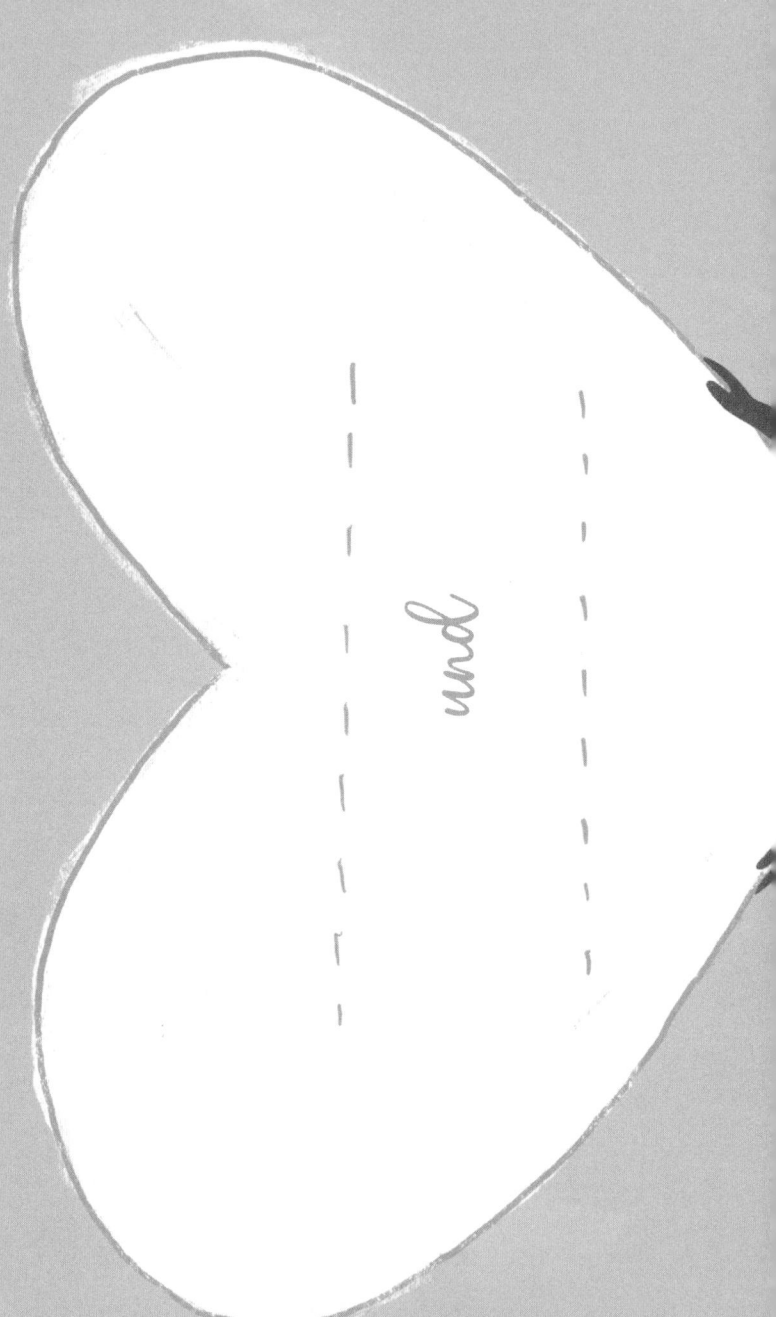

und

BESTEHST – DIE PERFEKTE MISCHUNG.

DU BIST

DURCH UND DURCH

bemerkenswert.

DU, DEINE ART UND INSBESONDERE

- -

MACHEN MICH IMMER WIEDER EXTREM
DANKBAR FÜR UNSERE FREUNDSCHAFT.

DU BIST WIRKLICH NICHT VON DIESER WELT.

WENN DU
EIN FABELWESEN WÄRST,
HÄTTEST DU ...

- ☐ EINEN BUSCHIGEN SCHWANZ
- ☐ BUNTE FLÜGEL
- ☐ BEEINDRUCKENDE HÖRNER
- ☐ ELEGANTE FLOSSEN

☐ SCHIMMERNDE SCHUPPEN

☐ EIN KUSCHELWEICHES FELL

☐ GLÄNZENDE FEDERN

☐ EINE VOLUMINÖSE MÄHNE

☐ EIN HERZ AUS GOLD

☐ EINEN SCHARFSINN, DER
SEINESGLEICHEN SUCHT

☐ DAS TALENT, IMMER DIE RICHTIGEN
WORTE ZU FINDEN

☐ DIE SUPERKRAFT, ANDERE SOFORT
TRÖSTEN ZU KÖNNEN

*kreuze jeweils
eine Eigenschaft
an*

EINE SACHE, DIE ICH AN DIR
BEWUNDERE, SIND DEINE ZAHL-
REICHEN TALENTE. DU KANNST
ZUM BEISPIEL TOLL ...

UND DU INSPIRIERST MICH MIT ALLEDEM, WAS DU SCHON ERREICHT HAST. VOR ALLEM IM GEDÄCHTNIS GEBLIEBEN IST MIR ...

DU BIST
TOTAL
spitze.

IMMER, WENN ICH
DARAN DENKE, WIE

- -

DU BIST,
muss ich lächeln.

UNSERE
FREUNDSCHAFT SPIEGELT
DIE WICHTIGSTEN
WERTE WIDER:

EHRLICHKEIT

HUMOR

MIT DIR HAT MAN
EINFACH IMMER SPASS.

AM LIEBSTEN MAG ICH ES,

wenn wir ...

☐ GEMEINSAM ABENTEUER ERLEBEN

☐ ES UNS GEMÜTLICH MACHEN UND *ausgiebig* QUATSCHEN

☐ ESSEN GEHEN UND UNS GEGENSEITIG UPDATEN

☐ NEUES AUSPROBIEREN

☐ _____
_____

UND WENN DIE WELT MAL WIEDER GEGEN UNS IST, KANN ICH MICH IMMER DARAUF VERLASSEN, *dass du ...*

_____

_____

_____

(DANKE, DASS DU MICH SO
BEDINGUNGSLOS UNTERSTÜTZT.)

DU BIST
GANZ UND GAR
brillant.

MIR FÄLLT OFT AUF,
WIE GUT DU DARIN BIST,

DU BIST EIN

köstlicher

MIX AUS ...

füll dieses Tortenstück selbst aus

AROMATISCHE AUFRICHTIGKEIT

WOLKIG-WEICHE WEISHEIT

KNACKIGE KRAFT

HONIGSÜSSE HERZENSGÜTE

ANDERE KÖNNTEN SICH RUHIG MAL
EIN STÜCK VON DIR ABSCHNEIDEN.

ES GIBT
NIEMANDEN, DER
SO IST WIE DU.

HIER EINE KLEINE AUSWAHL
DER DINGE, DIE DICH
EINZIGARTIG MACHEN ...

DU BIST RUNDHERUM *unglaublich.*

ICH BIN BESONDERS BEEINDRUCKT
DAVON, WIE DU

_ _ _ _ _ _ _ _ _ _ _ _ _ _ _ _ _ _

(Du bist eigentlich echt zu toll,
um wahr zu sein!)

GLÜCK ———→ 100%

Ø ———

BEVOR ICH DICH KANNTE

JETZT

WISSEND, DASS WIR für immer FREUNDINNEN SEIN WERDEN

(male das Diagramm aus)

UND AUF EINER SKALA VON EINS BIS ABSOLUTER WAHNSINN BIST DU MINDESTENS ...

- ☐ VERDAMMT GROSSARTIG
- ☐ UNGLAUBLICH GUT
- ☐ NICHT IN WORTE ZU FASSEN
- ☐ VOLLKOMMEN PERFEKT
- ☐ GERADEZU LÄCHERLICH WUNDERBAR

DU VEREINST GUTES ZU ETWAS noch Besserem.

DU BIST ECHT
der Hammer.

MANCHMAL FÄLLT ES MIR
SCHWER ZU GLAUBEN, WIE

- - - - - - - - - - - - - - -

DU BIST.

WENN DU EINE JAHRESZEIT WÄRST,

WÄRST DU ...

(male eine Katze aus)

WINTER

FRÜHLING

DENN DU BIST TOTAL

_____

_____

SOMMER

HERBST

MIT *dir* IST DAS
LEBEN ZUCKERSÜSS.

WENN DU
EIN GETRÄNK WÄRST,
DANN WÄRST DU...

MENÜ

☐ EIN EDLER HIMBEERTEE

☐ EIN ELEGANTER LAVENDEL-LATTE

☐ EIN WÄRMENDER HASELNUSSKAKAO

☐

WENN ICH
drei Wünsche
FREI HÄTTE,

WÜRDE ICH MIR
FÜR DICH WÜNSCHEN ...

1

2

3

ALLES AN DIR IST erstaunlich.

ICH BEWUNDERE ES,
WIE DU ANDEREN (auch mir!)
DAS GEFÜHL GIBST,

DU STRAHLST HELL WIE EIN *Stern.*

Adjektiv

Farbe

Griechischer Buchstabe

DESHALB WURDE DIESER KÜRZLICH ENTDECKTE STERN AUCH NACH *dir* BENANNT!

ES STEHT FEST!

DAS GANZE UNIVERSUM
WEISS ES, UND ICH WEISS
ES AUCH.

DU BIST

EINFACH

Cover: Sabine Schröder
Übersetzung: Vanessa Kreitlow

Gesamtherstellung: Drukarnia Dimograf Sp. z o.o., Bielsko Biała

Glück ist, eine Freundin wie dich zu haben
GTIN 978-3-8485-0282-0
© 2024 Groh Verlag. Ein Imprint der Verlagsgruppe
Droemer Knaur GmbH & Co. KG, München
www.groh.de